Als der Riese Moritz heiraten wollte

Das Märchen schrieb
Günther Feustel

Die Bilder malte
Regine Heinecke

Herold Verlag

Es ist mittagsstill. Nur die Krähe hockt im wilden Kirschbaum und äugt mißtrauisch auf die Löwenzahnwiese. Aus dem gelben Blütenmeer ragen zwei große Stiefelspitzen. Da faulenzt doch jemand! Dieser Jemand heißt Moritz. Der Krähe paßt das nicht. Lauthals krakeelt sie in der Mittagsstille. Moritz stützt den Kopf in beide Hände und grinst. Dann pustet er mit vollen Backen. Der wilde Kirschbaum wackelt wie im Sturm. Die Krähe wirbelt kopfunter davon.

Ach so – das hätte ich beinahe vergessen: Moritz ist ein Riese!

Riesen haben keine Freunde, meint mancher. Stimmt nicht! Wenn Moritz aufwacht, spreizt er seine Finger in den Wind. Gleich fliegen die Vögel auf die Fingerspitzen und zwitschern – die Krähe natürlich nicht. Abends legt Moritz die offene Hand in das Gras. Dann springt der Hase hinein, und beide schwatzen miteinander, bis die Sterne am Himmel blinken.

Also – der Riese Moritz hat einen ganzen Sack voller Freunde. Und alle warten sehnsüchtig auf den nächsten Vollmond. Dann rührt Moritz einen Kuchen ein, den eben nur ein Riese nach einem geheimen Riesenrezept backen kann. Bis zum Morgengrauen wird gefeiert – selbst im Winter! Und jeder, der eine Nase hat, findet zum Riesenhaus.

Ganz unverhofft ist der Frühling da und der Winter vergessen. Aber Moritz langweilt sich, denn niemand findet jetzt Zeit für ein Schwätzchen. Ist doch klar – alle Welt hat im Frühling Kinder.

Moritz bohrt gelangweilt in der Nase. Da flitzt der Hase von links vorbei. »Hallo, Hase! Es ist so entsetzlich langweilig!« ruft Moritz. Aber weg ist der Hase.
Einen Augenblick später flitzt der Hase von rechts vorbei. »Heirate, dann verzischt die Langeweile wie ein Regentropfen auf einem heißen Stein!« Weg ist der Hase.
Moritz nimmt den Finger aus der Nase und grübelt. »Heiraten also ... aber wen?« Er stapft nachdenklich vier Schritte zum Mummelsee — und vier Schritte zurück zur Löwenzahnwiese. Vier Schritte hin — vier Schritte her.

Im Schilf singt die Nixe. Moritz hat plötzlich einen Einfall. Er biegt mit beiden Händen die Halme auseinander. »He, willst du mich heiraten?«

Die Nixe stellt sich auf die Flossenspitzen. Sie reicht Moritz nicht einmal bis zum Knie. Moritz reibt sich verlegen die Nase. »Wenn du mich heiraten willst, darfst du nur eine Handbreit größer sein als ich«, ruft die Nixe zu Moritz hinauf.

Moritz setzt sich enttäuscht ins Gras. Aber die Nixe zwinkert ihm zu. »Hast du Mut?«

Moritz läßt seine Muskeln spielen. Die Nixe reicht ihm eine schwarze Perle. »Verschlucke sie, und deine Größe beißt uns nicht mehr!«

Moritz zwirbelt die Perle unentschlossen zwischen den Fingern. Die Nixe lächelt ihm zu. Moritz sieht auf seine Riesenfüße und wackelt mit dem Zeh, der aus dem Loch im Stiefel guckt. Die Nixe kämmt sich ihr seidiges Haar.

Moritz verschluckt die Perle. Gleich wird ihm so duselig im Kopf. Seine Schultern zucken. Die Beine kribbeln — der ganze Moritz schrumpelt zusammen. Plötzlich kann er der

Nixe in die Augen sehen, ohne sich zu bücken. Das Schilf steht wie ein dichter Wald um Moritz herum.

»Und nun?« fragt Moritz verblüfft. Die Nixe betrachtet ihn von links und von rechts. »Du brauchst Flossenfüße, denn wir wohnen tief unten im See.«

Flossen an den Füßen? Und Krebse mit Kniffelscheren unter dem Bett? Das jagt Moritz eine Gänsehaut über den Rücken. »Was zu weit geht, geht zu weit!« ruft er empört.

Die Nixe lächelt. »Wer mich heiraten will, muß mit mir Hand in Hand durch den See flösseln!«

Moritz spürt, daß er nicht mehr der Moritz von gestern ist. Er läuft Hals über Kopf davon – hundert Schritte bis zur Löwenzahnwiese.

Die Nixe singt wieder im Schilf. Moritz hält sich die Ohren zu. »Da heirate ich doch lieber die Besenhexe!« schreit er. Hui – schon sitzt die Besenhexe in der Weide und baumelt mit den Beinen. Sie beugt sich zu Moritz hinunter. »Mich heiraten? Aber sofort!« Die Hexe schnurrt auf ihrem Besen um Moritz herum. »Warum bist du neuerdings so klein?«

fragt sie mißtrauisch. »Aber meinetwegen ...« Die Besenhexe zerrt Moritz zur Wettereiche.

Eine Hexe wollte ich eigentlich nicht heiraten, denkt Moritz, aber sie hat herrliche, feuerrote Haare.

»Sollst du auch haben!« kichert die Besenhexe, denn eine Hexe weiß immer, was andere Leute denken. Ungestüm kämmt sie mit ihren dürren Hexenfingern durch seine blonden Locken. Das knistert wie brennende Wunderkerzen. Moritz sieht über seine Schultern. Feuerrote Haare!

Die Hexe schlappt mit ihren Pantoffeln um Moritz herum und zieht ihren Besen hinter sich her. »So gefällst du mir. Und jetzt mußt du besenfliegen. Besenfliegen ist das schönste Hexenvergnügen!«

Die Hexe drückt Moritz den Besen in die Hand. Moritz zögert. Er weiß nicht, wie man auf einen Hexenbesen steigt.

Die Hexe schubst Moritz auf den Besenstiel und schnippt mit den Fingern. »Fliege, mein Feuervogel, fliege!«

Da schwebt der Hexenbesen sacht wie ein Schmetterling mit Moritz über die Gräser. Moritz lächelt.

Die Hexe klatscht zweimal in die Hände. Der Besen bäumt sich auf und saust an der Wettereiche vorbei – hinauf zum Himmel, mitten hinein in den Wolkendunst.

Moritz schließt die Augen. Er umklammert ängstlich den Besenstiel. Der Besen schießt wie ein Habicht aus den Wolken zum Mummelsee hinunter. Moritz rutscht vor Schreck vom Besen. Nur mit einer Hand hält er sich noch am Stiel fest.

Da torkelt der Besen mitten in die Wettereiche hinein. Die langen roten Haare verheddern sich im Geäst – und Moritz hängt fest. Er poltert von Ast zu Ast abwärts und plumpst in das Moos. Überall Beulen! Löcher in der Hose! In Fetzen das Hemd!

Die Besenhexe schlägt die Hände über dem Kopf zusammen. »Ogottogottogott! Ich heirate doch keine Vogelscheuche!« Sie pfeift, und der Besen fliegt in ihre Hand.

»Aber ...«, stottert Moritz, »meine roten Hexenhaare ... zählen die nicht mehr?«

Die Besenhexe dreht Moritz eine lange Nase und saust auf ihrem Besen davon. Moritz stolpert zum Bach und kühlt

seine Beulen. Aus den Binsen steigt der Dunst. Moritz schöpft Wasser und entdeckt sein zerbeultes Spiegelbild im Bach.

Aber da ist noch ein Spiegelbild! Moritz dreht sich um. Hinter ihm steht die Nebelfrau, zart und kühl. Die ist anders als die ruppige Besenhexe. Moritz vergißt seine Beulen und fragt hastig: »Willst du mich heiraten?«

Die Nebelfrau tanzt über die Wiesen und streckt Moritz die Hand entgegen. Moritz tappt hinterher.

»Tanzen wie der Wind im Schilf«, singt die Nebelfrau. Moritz versucht zu tanzen, aber die Stiefel sind zu schwer. Seine roten Flatterhaare bleiben an den Disteln hängen. Wie das ziept! Und Moritz stolpert in das Gras.

Die Nebelfrau schwebt heran und zeigt auf die Stiefel. »Ich heirate nur einen luftigen Tänzer!« Sie hält Moritz ein Huflattichblatt an die Lippen. »Trinke – siebenmal sieben Tropfen Morgentau!«

Die Nebelfrau umtanzt Moritz. Moritz hebt einen Fuß. Der ist so schwer wie ein Holzkloben.

Moritz schleudert seine Stiefel sonstwohin und schlürft die siebenmal sieben Tautropfen. Er fühlt, wie es ihn kühl durchrieselt — aber dann ... Moritz muß sich an einem Weidenast festklammern. Er hat Angst mit dem Wind davonzuschweben, so leicht ist er geworden. Schon packt ihn die Nebelfrau und tanzt anmutig Bein vor Bein mal rechts, mal links in die Wiese hinein.

Moritz versucht dieses Bein-vor-Bein. Die Nebelfrau aber
dreht sich schnell wie ein Kreisel zu den Erlen hinüber.
Moritz hüpft tolpatschig hinterher, stolpert und torkelt in
ein Moorloch hinein. Das schwarze Moorwasser spritzt.
Moritz schüttelt sich verwirrt die Tropfen aus den roten
Haaren. Die gelben Löwenzahnblüten ringsum bekommen
schwarze Tupfer.
Die Nebelfrau flüchtet hinter einen Erlenstamm und ist
verschwunden. Moritz wischt sich das Moorwasser aus den
Augen. »Heirate ich eben überhaupt nicht!« murrt er und
sucht seine Stiefel.

Moritz stampft trotzig über die Wiese. Der Hase flitzt durch das Gras. Moritz legt einladend seine Hand in die Halme. Erschrocken schlägt der Hase einen Haken und springt über den Holunderbusch. Kein Wunder – Moritz ist eben nicht mehr der Riese Moritz. Auch die Vögel flüchten. Moritz ist so unglücklich, daß er einen ganzen Tag lang den Kopf auf die Knie legt und seufzt.

Da klettert der Vollmond an den Nachthimmel. Moritz wischt sich über die Augen und springt auf. »Bin ich auch kein Riese mehr, einen Riesenkuchen backe ich noch allemal!« Und schon fliegen seine traurigen Gedanken davon.

Das Rühren dauert lange — viel länger als früher. Mühsam schiebt Moritz den Teig in den Ofen. Aber schließlich duftet es wie in alten Zeiten. Der Hase schnüffelt und die anderen auch.

Aber als Moritz einladend die Tür öffnet, weichen sie doch zurück und verstecken sich in den Büschen ringsum.

Durch die offene Tür wolkt der Kuchenduft. Der Wind nimmt ihn mit — über sieben Hügel bis zum Ginsterberg. Neuerdings wohnt dort ein Riesenmädchen.

Als ihm der Kuchenduft in die Nase schwebt, läuft es neugierig dem Duft entgegen. Es stapft über die sieben Hügel und findet den Riesenkuchen — und Moritz dazu.

»Nanu? So ein Kleiner bäckt einen Riesenkuchen?« staunt das Riesenmädchen und kostet mißtrauisch. Der Kuchen schmeckt köstlich. »Wer so einen Riesenkuchen backen

kann, der ist ein Riese!« Das Riesenmädchen nickt Moritz zu. Das macht Moritz übermütig. Er springt über den Riesenkuchen. Und plötzlich ist Moritz wieder ein Stückchen mehr der alte Moritz.

Da traut sich auch der Hase heran und mümmelt Kuchen. »Tatsächlich — das ist ein Moritzkuchen!« ruft er. Argwöhnisch trippeln und fliegen die anderen näher und kosten. Und der Igel beginnt zu tanzen.

Als sich das Riesenmädchen von Moritz verabschiedet, zwinkert es ihm zu. »Beim nächsten Vollmond bringe ich meinen Rührlöffel mit!«

Moritz und der Hase aber schwatzen noch, bis der Morgen heraufdämmert. Da betrachtet sich Moritz im Spiegel und seufzt: »Das kommt davon, wenn man immer so ist, wie es andere wollen!« Moritz schneidet seine feuerroten Haare kurz.

Der Hase will etwas Tröstendes sagen. »Ich glaube fest daran, daß du übermorgen wieder ein richtiger Riese bist!«
Moritz legt sich müde in sein Riesenbett und paßt gerade quer hinein.

Text: Günther Feustel
Illustrationen: Regine Heinecke
Reproduktion: Repro Druck Fellbach
Satz: Druck- und Verlagshaus Jena
Druck und buchbinderische Verarbeitung: Druckerei Uhl, Radolfzell
ISBN 3-7767-0497-7